LA REVISION

PROJET

DE

CONSTITUTION

RÉPUBLICAINE, DÉMOCRATIQUE ET SOCIALE

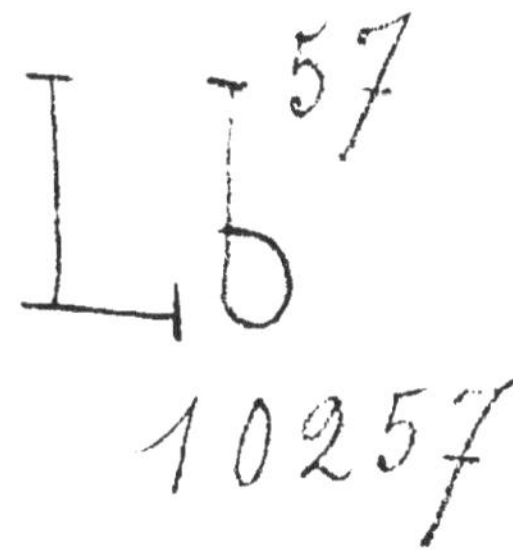

LA REVISION

PROJET DE CONSTITUTION

RÉPUBLICAINE, DÉMOCRATIQUE ET SOCIALE

PAR

E. DELAURIER

PUBLICISTE

Membre de la Société d'Encouragement, de la Société Chimique de Paris, des Sociétés de Physique, des Amis des Sciences, de la Société protectrice des citoyens, etc., etc.

PARIS

NOUVELLE LIBRAIRIE PARISIENNE

ALBERT SAVINE, ÉDITEUR

12, *rue des Pyramides*, 12

1890

LA REVISION

PROJET DE CONSTITUTION

RÉPUBLICAINE, DÉMOCRATIQUE ET SOCIALE

A toutes les époques de troubles, les gens intelligents ont pensé, avec raison, que l'organisation politique qui existait devait être mauvaise, puisqu'elle ne donnait pas l'ordre, la sécurité, le bonheur, que les sociétés sont en droit d'attendre d'un gouvernement.

Aussi a-t-on vu naître une foule de constitutions, et nous en avons eu aussi plusieurs qui n'ont eu un peu de durée que par l'emploi de la force. Il n'y a pas encore eu, ni en France ni ailleurs, de constitution produisant une forme de gouvernement toujours d'accord avec l'opinion publique.

Cependant, en 1848, un déluge de projets de constitutions a pris naissance et, souvent, les moins sensées étaient celles des publicistes les plus éminents : par exemple Émile de Girardin.

Moi aussi j'ai pris part à ce mouvement d'opinion et j'ai apporté mes idées de constitution et d'organisation sociale. Quoique plus de quarante ans aient passé depuis cette époque, j'ai peu changé d'avis, car je trouve que nous avons reculé plutôt que progressé.

Ce n'est cependant que par une bonne constitution que nous pourrons avoir une république parfaite faisant le bonheur de tous à l'aide de nos gouvernants librement élus, sans candidature officielle.

Malgré tous les travaux qui ont été faits en France et à l'étranger, je conviens qu'il n'y a pas actuellement une seule constitution digne d'être proposée à la nation ; mais de là à jeter le manche après la cognée, d'être anarchiste en un mot, — ce qui me paraît insensé, — il y a loin. Il ne faut ni discipline idiote, ni anarchie folle.

L'anarchie, c'est le désordre complet ; c'est l'impuissance de se défendre contre un ennemi organisé, même bien plus faible que soi, comme on l'a vu par notre malheureuse guerre civile de 1871, provoquée par la réaction monarchique.

Cette pauvre Commune sans autorité, qui avait des hommes, des vivres, des munitions, de l'argent, des armes, des fortifications, des chaloupes et des locomotives blindées et plusieurs forts, n'a pas pu se défendre, et ses malheureuses troupes se sont laissé battre et, ensuite, massacrer comme des moutons par des soldats organisés, trompés et grisés par les criminels Thiers, Mac-Mahon, Galliffet, etc., etc.

S'il n'existe pas de bonnes constitutions en Europe, ni même en Amérique, c'est que malheureusement elles sont faites par des gens bien intentionnés souvent, mais qui, instinctivement, s'occupent plus de leurs intérêts que des intérêts généraux ; aussi la question sociale est-elle sacrifiée.

Depuis mon projet de constitution et mon organisation politique et sociale de 1848, j'ai étudié tout ce que j'ai pu trouver pour perfectionner, modifier, compléter ou réduire mon œuvre sans parti pris. Je crois pouvoir arriver le plus près possible de la perfection et surtout de la justice sociale, ce qui m'est plus facile qu'à d'autres, car je suis complètement désintéressé dans ces recherches, ne cherchant ni ne voulant aucune position politique.

Je ne suis ni pour Pierre, ni pour Paul, ni pour Jacques, etc., etc. Je ne suis non plus d'aucune secte ni coterie. Je prends des hommes et des idées ce que je trouve de meilleur, de plus vrai, de plus juste, de plus utile, etc.

A mon avis, une bonne constitution est la base principale ou, si on préfère, l'instrument du progrès politique et social; c'est le meilleur moyen de fusionner tous les systèmes en faisant prévaloir ce que chacun a de bon.

C'est pour cela que, après avoir consulté et même étudié tous les systèmes des principaux socialistes, Saint-Simon, Fourier, Cabet, Proudhon, Louis Blanc, Colins, Leplay, Guépin, Yves Guyot, l'histoire des réformateurs de Salières, Carl Marx et d'autres, je me suis attaché surtout aux constitutions, car sans une bonne organisation politique, on ne peut arriver à quelque chose de bien. J'ai donc acheté tout ce que j'ai pu trouver sur les principes et les constitutions de tous les pays : Montesquieu, J.-J. Rousseau, Mably, Raynal, Condorcet, Batbie (les Constitutions d'Europe et d'Amérique) ; Thiers (les constitutions de la Révolution), dans son dernier volume ; Dareste (les constitutions modernes) ; Charbonnier (organisation électorale) ; les Codes de plusieurs époques pour avoir les différentes constitutions et chartes ; les institutions politiques de Fustel de Coulanges, l'ancien régime et la Révolution de Taine ; le dictionnaire géographique de Joanne ; le dictionnaire des communes de France ; le dictionnaire politique de M. Bloch ; les œuvres de Marat,

Saint-Just, Robespierre; les histoires de la Révolution de Louis Blanc, Michelet, Quinet, etc.

Après avoir pris tout ce que j'ai trouvé de bien, de bon, d'utile, j'ai ajouté quelques principes et des idées neuves, n'ayant pu trouver l'absolu que je cherchais, tout en m'en rapprochant, j'espère, d'un peu plus près.

Il est à remarquer que les droits de l'homme sont étudiés plus magistralement que les constitutions qui s'appuient sur ces grands principes de notre admirable et malheureuse révolution.

Il n'y a pas de bonne organisation sociale possible sans qu'on ait une bonne organisation politique qui permette, à tout homme bien intentionné de faire promptement prévaloir ses idées, si elles sont justes et praticables. Le pouvoir exécutif serait d'autant plus durable qu'il serait plus obéissant aux volontés de la nation ; il ne faut pas de dictature.

L'anarchie, que l'on propose actuellement en haine de notre misérable République et de notre mauvaise état social, ne pourrait que l'empirer et rendre plus malheureux encore ceux qui se laisseraient entraîner dans ces fausses idées qui seraient la ruine et le démembrement de la France si, par impossible, elles prévalaient.

J'ai une confiance illimitée dans le peuple souverain, pourvu que le suffrage universel s'exerce directement et loyalement.

Je proclame ouvertement l'infaillibilité du peuple, lorsque les conditions politiques sont telles que le peuple soit toujours bien représenté.

Lorsqu'il en est ainsi, la révolte contre la majorité au lieu d'être « le plus saint des devoirs », devient le plus bête et le plus grand des crimes.

Je dis que la révolte serait insensée, car une majorité, qui serait injuste envers une minorité, serait bientôt transformée elle-même en minorité. Il n'y aurait donc aucune utilité de vouloir employer la force. En supposant, ce qui est impossible, que la minorité s'empare de l'autorité, elle commettrait alors un grand crime puisque, non seulement elle aurait provoqué la guerre civile, mais ensuite, qu'elle gouvernerait par force sans en avoir le droit.

Jusqu'à présent, une foule de républicains invoquent la souveraineté du peuple, mais ils n'y ont pas une foi absolue. C'est surtout lorsqu'ils sont au pouvoir que cette foi disparaît; ils se figurent que tout est bien lorsqu'ils ont de bonnes places et que ceux qui les attaquent, souvent avec raison, sont des ambitieux qui veulent les supplanter, ou sont des ennemis de la République. Ils confondent trop souvent la République avec leurs orgueilleuses personnalités. Le patriote Gambetta lui-même a eu ce travers; aussi voulait-il à tout prix le scrutin de liste départemental pour être le grand électeur de la République, au lieu de laisser les électeurs libres de voter directement pour un seul candidat, plutôt que par une liste imposée par une discipline idiote, qui fait de l'électeur une machine à approuver ce que des intrigants sans mandat imposent à leurs maîtres.

J'ai déjà dit que le vote au scrutin de liste était un vote à deux degrés, le plus défectueux de toutes les manières d'exercer le droit des électeurs.

INTRODUCTION

Les habitants des contrées où la population est clairsemée ont une grande liberté apparente, mais elle est généralement inférieure à celle des pays très peuplés, parce qu'ils ne peuvent avoir ni la science, ni la force, ni l'intelligence, ni les secours de leurs semblables pour combattre l'oppression des ennemis naturels et des éléments. Ils deviennent donc parfois la proie des bêtes féroces ou venimeuses et des maladies. Ils souffrent aussi très souvent de la chaleur, du froid, de la faim et de la soif.

La gêne du contact avec les autres habitants est moindre que le profit qu'ils en tirent. Ils est compréhensible que les hommes les moins sociables cherchent à s'unir entre eux pour s'instruire et pour avoir la force de se défendre du mal. Il se forme peu à peu de petites sociétés qui se font même la guerre entre elles, puis de grandes nations par la fusion volontaire ou forcée de ces peuplades.

Il y a généralement avantage pour tous les hommes de vivre en société, mais cet avantage est d'autant plus grand, que la société est mieux organisée, c'est-à-dire qu'il y a le plus de justice possible, pour que le capital, le travail et le talent associés servent à la production et au progrès, et que la misère soit annulée. Le but de l'association humaine est de se solidariser pour posséder la force, la justice et la science, pour avoir la sécurité et le bien-être. Il faut qu'aucun habitant de notre sol ne soit assez misérable pour désirer l'état sauvage.

La société, par humanité et même dans l'intérêt de ses membres, doit faire tous ses efforts pour être juste et secourable, pour ne pas se créer d'ennemis dans son sein ni ailleurs. Lorsqu'il y a oppression, l'opprimé a le droit de reprendre sa liberté naturelle, s'il le peut, mais il a tort pour lui-même de se révolter, car il ne serait pas le plus fort : il serait donc victime.

La société doit protéger ses membres contre les oppresseurs et contre les criminels ; elle doit les punir d'une peine correspondante à celle du talion, s'il n'y a pas de circonstances atténuantes ou de mal par accident, c'est-à-dire involontaire.

Chacun doit aider la société à exercer son autorité tutélaire et aussi à la défendre contre ses ennemis intérieurs ou extérieurs. Ne pas confondre la société et le pouvoir, surtout lorsqu'il est usurpé par escamotage, comme a fait Louis-Philippe, et par le mensonge et la force comme l'a fait Louis-Napoléon. Chacun doit obéir à la loi, surtout lorsqu'elle est juste.

Chaque individu de l'espèce humaine, homme, femme et enfant de l'un ou l'autre sexe, a le droit naturel de vivre, d'aller où bon lui semble, de s'emparer des produits de la Nature nécessaires à son existence que fournissent la terre et les eaux du globe.

Ces droits sont limités par ceux d'autrui. Ainsi le nomade n'a pas le droit de s'emparer des produits obtenus par le travail de l'homme qui préfère cultiver le sol, élever des volailles, des bestiaux, etc., pour en tirer des aliments, des vètements ou autres richesses.

Le nomade n'a pas non plus le droit de s'emparer des matières premières que des travailleurs arrachent des entrailles de la terre, ni des produits ou des constructions que l'on obtient avec ces matières.

Il n'a pas davantage le droit de s'emparer des poissons du pècheur, ni des animaux pris ou tués par le chasseur. Personne n'a le droit de s'emparer de l'argent ou d'autres valeurs que les produits acquis par le travail représentent. La propriété de chaque travailleur doit être sacrée ; sans cela, il n'y a pas de société possible. Lorsqu'une société fait payer trop d'impòts pour nourrir des parasites, elle dénoue elle-mème le lien social, ce qui produit des révolutions. La propriété des voleurs doit être confisquée au profit de tous, en rendant d'abord aux victimes ce qui leur a été pris.

Comme en principe, la terre doit appartenir à tout le monde, il ne devrait pas être permis à chaque individu d'en posséder en propriété plus de 20 ares ou 2,000 mètres carrés. Les communes seraient propriétaires des terres supplémentaires ; elles pourraient louer ces terrains autant que possible non clos de murs, à des fermiers solvables, par des mises aux enchères où tout le monde pourrait concourir.

Les malheureux déshérités recevraient des compensations. Le produit de ces biens pourrait remplacer les octrois et les autres impòts locaux ; il pourrait servir à instruire les enfants, à les nourrir lorsque les parents seraient dans l'indigence. Ces ressources pourraient servir encore à soigner et secourir les malades, les infirmes, les vieillards, hors d'état de travailler. Ce serait de la véritable fraternité plus pratique que les systèmes des socialistes et alors plus efficace. Cette solidarité ramènerait au bien un grand nombre d'ennemis de la société.

L'argent de ces fermages pourrait servir à construire des mairies ou maisons communes, plutôt des écoles, des routes, des ponts, etc. Pour qu'il y ait plus d'ensemble dans les travaux et pour d'autres considérations, il faudrait beaucoup agrandir les communes.

Pour qu'il n'y ait pas de prétexte aux paresseux de se faire nourrir, faute d'ouvrage à faire, il y aurait par toute la France des bureaux de renseignements gratuits dans les mairies.

C'est un devoir pour tous de travailler pour vivre sans être à charge aux autres, tant que l'on peut, et lorsque c'est possible, il faut produire au delà de ses besoins et économiser pour s'enrichir et augmenter la fortune ou capital de la société.

Ce sont les parasites, petits et grands, qui ruinent les Etats et désorganisent les nations. A chacun selon ses œuvres, mais pas selon ses besoins, car il y en a qui sont trop dépensiers ou gâcheurs. Celui qui ne veut rien faire ou qui veut consommer plus qu'il ne gagne, n'a pas le droit à l'assistance publique. Elle peut lui faire la charité, mais ce n'est pas un droit pour lui.

Le droit au travail n'est pas contestable, mais c'est assez difficile à organiser et à toujours fournir des travaux. Il ne faut ni ilotes, ni esclaves dans une bonne et vraie République. C'est pourquoi il faut le suffrage universel pour tous, sans aucune espèce d'exception.

Avec un suffrage universel uninominal bien loyal, bien organisé, la question sociale se résoudra d'elle-même, puisque les masses auront le pouvoir de perfectionner l'organisation de la société.

Si tous les systèmes des écoles socialistes n'ont donné jusqu'à présent aucun résultat bien sérieux, c'est que l'organisation politique était trop défectueuse. Les gouvernements ont plutôt protégé les rêveries de certains socialistes un peu toqués, car cela ne gênait pas leur autorité politique. Ils soutiennent aussi le clergé qui promet le ciel aux malheureux ; pendant ce temps-là ces derniers ne revendiquent pas la part terrestre que les autres se partagent.

La base indispensable de tout progrès, c'est le véritable suffrage universel que tous les gouvernants et gouvernements, même républicains, cherchent à fausser et même à éliminer, parce que l'on se décide rarement à n'être qu'une délégation de la nation.

Il n'existe qu'un principe sérieux de gouvernement : c'est celui qui s'appelle la souveraineté du peuple. Il ne peut en exister d'autre pour l'intérêt général d'une nation. Tous les peuples devraient être gouvernés ainsi.

Les gouvernements représentatifs ne sont que des compromis informes entre les droits de tous et ceux que s'arrogent nos maîtres en se disant les élus du droit divin. Il est vrai que le peuple a retourné la chose en disant : la voix du peuple est la voix de Dieu. Tout cela n'est pas sérieux.

On ne devient roi ou empereur que par la conquête ou l'oppression par la force ou la ruse, en s'entourant d'une bande de soudards et d'autres individus à qui on promet des places et de l'argent. On brise les associations parce qu'il faut diviser pour régner. On est forcé d'avoir une police formidable pour ne pas être assassiné. On rend un peuple malheureux et on l'est soi-même. Je ne comprends pas ce plaisir de gouverner les gens par force.

Quant à tenir son autorité de Dieu, c'est une très mauvaise plaisanterie qui ne trompe que les ignorants et les idiots, car si un Dieu tout-puissant remplit l'Univers infini, qu'a-t-il de commun avec ces microbes couverts d'oripeaux ? N'insultent-ils pas la suprême intelligence quelle que soit sa nature ou son essence, en osant dire sans aucune espèce de preuve, qu'ils sont ses élus ? C'est jouer sur les mots que de venir dire que ce qui se produit est fait par la volonté de Dieu ; ce serait légitimer tous les crimes, pour prouver que les rois sont élus par sa volonté.

Lorsque ces potentats, plus ou moins tyrans, meurent empoisonnés ou assassinés, les empoisonneurs ou les assassins auraient aussi beau jeu de dire qu'ils agissent par la volonté de Dieu.

Toute autorité vient du peuple : c'est pourquoi les rois et les empereurs sont souvent forcés, pour pouvoir gouverner, d'être d'accord avec l'opinion publique. C'est donc suivre la volonté du peuple.

Je proclame ouvertement qu'il n'y a pas d'autre gouvernement légal et solide que celui qui est basé sur la souveraineté du peuple — ou qui obéit à la volonté générale de la nation dont il dirige les destinées.

Je proclame, de plus, que le peuple souverain est infaillible. Le meilleur mode pour le consulter est le suffrage universel permanent. Tous les autres procédés pour connaître son opinion ne sont que des compromis, que ce soit par des plébiscites ou par des députés de listes, c'est-à-dire par un suffrage indirect.

La République, comme je la conçois, et dont j'esquisserai la base dans ma Constitution, doit être la meilleure forme de gouvernement possible pour faire le bien général d'une nation et augmenter sa puissance.

La permanence de la souveraineté du peuple est le principe à adopter ; il aura sa sanction en ayant une assemblée unique de représentants révocables. Le suffrage universel sans exception, sans privation facultative des droits politiques, empêchera des classes dirigeantes de s'emparer du pouvoir et de faire une oligarchie qui ne vaut guère mieux qu'une monarchie. Avec l'oligarchie, il y a plus de guerres civiles ; avec la monarchie, plus de guerres étrangères.

Quelle que soit la forme d'un gouvernement, il est bon tant qu'il obéit aux vœux de la majorité du pays ; mais cela n'est guère possible lorsque c'est un monarque qui gouverne ou une aristocratie : leurs intérêts sont trop en dehors de ceux de la masse de la nation. Un gouvernement tant soit peu républicain ne devrait pas permettre que l'on discute la souveraineté du peuple ni le suffrage universel, ni la République, car tout cela c'est la même chose.

S'il y a moins de républiques sur la terre que de monarchies, c'est qu'il est plus facile à des bandes organisées de s'emparer d'un pays dont les habitants sont clairsemés, qu'à ceux-ci de s'entendre contre les conquérants étrangers ou les oppresseurs de leur pays.

Je suis partisan convaincu de la supériorité et de la légitimité du suffrage universel direct et absolu, sur tout autre mode de vote, pour avoir la véritable souveraineté du peuple, qui est elle-même le *nec plus ultra* du moyen de gouverner avec justice et liberté.

SOPHISMES QUE L'ON PEUT RÉDUIRE A L'ABSURDE CONTRE LE SUFFRAGE UNIVERSEL DIRECT ET UNINOMINAL.

1° PRIVATION DE DROIT POLITIQUE POUR CERTAINES CLASSES DE CRIMINELS

C'est une porte ouverte à tous les abus. Les partis dirigeants ont bientôt fait de classer comme des criminels de droit commun tous leurs ennemis; nous en avons eu trop d'exemples après la chute de la Commune. On avait déjà vu cela en 1850, où trois millions d'électeurs ont été éliminés, et en 1852, où il y a eu un nombre inconnu de victimes de l'Empire. Les criminels qui ont payé leur dette à la société doivent avoir autant de droits que les autres; d'autant plus qu'il y a des gens privés de leurs droits politiques qui n'ont commis que des délits insignifiants.

2° LE CENS ÉLECTORAL

C'est le vote des riches contre les pauvres. La monarchie de Juillet a pensé que 200 francs d'imposition devaient donner le droit électoral aux citoyens. Pourquoi plutôt 200 francs qu'un autre chiffre? Quel est le criterium sur lequel on s'est appuyé? Le cens n'est pas un principe; les Rothschild étant un milliard de fois plus riches que ceux qui n'ont rien ou que ceux qui ont des dettes, devraient alors être les seuls votants.

3° VOTE A PLUSIEURS DEGRÉS

C'est encore un vote sans principe arrêté, car pourquoi plutôt 2, 3, 4 ou 5 degrés? Moins le vote est direct, moins les volontés ou les intérêts de l'électeur sont représentés; donc, le vote direct est le meilleur.

4° LE VOTE DES FEMMES

Si toutes les femmes votaient, ce serait simplement doubler le vote sans augmenter la valeur de l'élection, et cela ferait souvent la guerre civile dans les ménages.

5° LES VOTES CUMULÉS

Il n'y a aucun principe pour ces fantaisies aristocratiques des ennemis du suffrage universel; aussi on peut faire des projets à l'infini, mais n'ayant pas plus de raison l'un que l'autre de subsister.

6° REPRÉSENTATION DES MINORITÉS

Il n'est nullement nécessaire d'avoir des représentants spéciaux pour les minorités. Il ne faut pas qu'il y ait des minorités et des majorités; il ne faut pas plusieurs états dans l'Etat.

Dans une République, un citoyen sera avec la majorité ou la minorité tour à tour, selon qu'il croit qu'un parti ou l'autre est dans le vrai.

7° LE SCRUTIN DE LISTE

Ce mode de vote a une certaine analogie avec le vote à plusieurs degrés. C'est donc un suffrage universel hypocrite et mensonger, car ce sont presque toujours des intrigants qui dirigent ces élections, font les listes et s'y placent. Il y a des comités formés d'individus n'ayant aucun mandat des électeurs : les uns sont journalistes, les autres sont des poseurs ou des fourbes qui se mêlent aux républicains divisés et naïfs pour les tromper. C'est le suffrage le plus insensé, car l'électeur ne connaît pas les candidats qui se proposent à ses suffrages et qui sont bien aises d'être indépendants des électeurs pour devenir des maîtres, au lieu d'être des commis ou représentants dévoués du peuple.

Si le faux principe du scrutin de liste était vrai, ce ne serait pas un scrutin départemental qu'il faudrait, mais un scrutin pour toute la France. Il faudrait que les 10 millions d'électeurs votassent pour 584 députés à la fois, ce qui ferait 5 milliards 840 millions de votes. Les listes pour inscrire les votes, au lieu de contenir 4 ou 5 noms comme dans le scrutin uninominal, devraient contenir au moins 4 ou 5 mille noms pour n'omettre aucun candidat pouvant être élu. Ce mode de vote réellement national, selon les sophismes des partisans des listes, serait donc tout à fait impossible à dépouiller. Cette multiplication insensée des votes est analogue à la multiplication des 3 poissons et des 5 pains qui ont nourri 10 mille hommes d'après le Nouveau Testament.

8° VOTE AU BULLETIN OUVERT ET SUR REGISTRE

C'est encore un système électoral très mauvais, lors même que le suffrage universel serait direct et uninominal. En effet, c'est le moyen de donner toute la prépondérance aux riches, car il y a tant de misères qu'il y a bien des Esaü qui, pour un plat de lentilles, vendraient leur droit d'aînesse au juif Jacob ; il ne faut pas que cela soit possible.

Le registre, c'est le moyen employé par les pouvoirs dominants pour opprimer, déporter et fusiller ses ennemis politiques.

C'est aussi les élections avec le plus d'audace criminelle, en faisant signer plusieurs fois des individus et en commettant une foule de faux.

9° VOTE EN RAISON DE L'INTELLIGENCE ET DE LA SCIENCE

Qui sera juge de l'intelligence des citoyens ? Le bavard, lorsqu'il ne parle pas trop, paraît souvent bien plus intelligent que l'homme réfléchi et instruit, surtout si celui-ci est timide ou n'a pas encore une grande habitude du monde.

Si c'est en raison de la science, quel degré de science faudra-t-il avoir pour être électeur ? Quelle sorte de science devra-t-on posséder ? Pourquoi les savants n'auraient-ils pas un vote cumulatif ? etc., et une foule de questions insolubles parce qu'elles tombent dans l'absurde.

10° PLÉBISCITE

C'est en général donner tous les pouvoirs à un homme en lui donnant son suffrage. On ne le connaît pas ; il vous fait promettre tout ce que vous voulez, il se fait élire pour trois ou quatre ans et, une fois au pouvoir, ce n'est plus un serviteur que vous avez, mais un maître. Alors il lève le masque ; il est entouré d'une bande à qui il a déjà donné et promis davantage : alors l'Empire est fait ! ! !

Il n'y a qu'un mode de suffrage républicain : c'est le suffrage direct uninominal pour une Chambre unique de représentants du peuple, élus pour quatre ans, mais chaque membre révocables isolément au besoin.

DÉCLARATION DES DROITS ET DEVOIRS DE L'HOMME ET DE LA SOCIÉTÉ

Nous entendons par l'homme chaque individu de l'espèce humaine des deux sexes et de tout âge.

Par la société, nous entendons les petites et grandes collectivités, peuplades et nations, et ensuite celle de l'ensemble des habitants du globe terrestre. En France, la société, c'est tout le monde, sous le nom de République.

Quelle que soit leur inégalité naturelle ou artificielle, les hommes ont des droits égaux à l'existence, à l'instruction, aux emplois publics et à tous les avantages de l'état social.

Il ne doit pas exister d'hérédité de pouvoir au-dessus des autres hommes, ni d'hérédité de fonctions, de titres de noblesse, de décorations, de privilèges ou de distinctions obtenus par les mérites des parents.

L'égalité comporte la participation égale aux avantages et aux charges de la société.

Il faut l'égalité devant la loi. Le cautionnement adopté pour les accusés riches est une transgression à ce principe. Tout accusé doit être traité comme non coupable, tant qu'il n'est pas condamné, si on est forcé de l'enfermer par la gravité de l'accusation. La loi ne peut avoir d'effet rétroactif.

On ne peut être juge et partie de sa propre cause. Ce principe est constamment violé actuellement, même par certaines lois mauvaises, à annuler.

Toutes les lois doivent être revues et celles qui sont injustes ou contradictoires doivent être abrogées formellement. Condamnation séance tenante est illégale.

L'homme, à l'état sauvage, n'est libre qu'en apparence; sa liberté est limitée par les animaux féroces ou venimeux, ou parasites et souvent même par son semblable. Souvent, il périt par le manque de nourriture, l'intempérie des saisons, et par les maladies ou les blessures qu'il ne sait pas soigner. Mais comme la terre lui appartient, de droit, il faut à l'homme civilisé des compensations lorsque celle-ci lui fait défaut.

L'homme est un être sociable instinctivement, parce qu'il trouve dans la société de ses semblables une puissance plus grande pour conserver son existence et être plus heureux qu'étant isolé.

Dans la société, l'homme a droit à la liberté illimitée de tout ce qui lui convient de faire, lorsque cette liberté n'empiète pas sur celle d'autrui et ne lui nuit en rien, car, n'importe qui a le même droit que lui. Chacun doit être responsable de ses actes; il ne peut y avoir de circonstances atténuantes que si on est forcé de mal agir.

Il ne doit pas y avoir d'inviolabilité ni d'irresponsabilité, que l'on soit représentant du peuple, employé, docteur en médecine ou autre.

Personne ne doit avoir le droit de couvrir des coupables de son autorité. Tant pis pour qui agit mal.

L'homme doit avoir la liberté de voyager et de transporter des objets sans payer de droits d'octrois ou autres, Cette liberté ne doit pas exister pour des espions, des criminels, ni même pour des bohémiens ou autres bandes de nomades.

C'est surtout dans un pays soumis aux mêmes lois, que la circulation des personnes et des choses doit être libre pour ne pas entraver les affaires commerciales et surtout les relations amicales.

Personne n'a le droit d'entraver et encore moins d'aliéner sa liberté ni celle d'autrui. La loi ne doit reconnaître aucun engagement, même pour le temps le plus court, pas même pour le théâtre ni pour les religions. La société seule a le droit de priver de leur liberté ceux que la loi a condamnés.

La société doit garantir à tous : la sécurité personnelle, celle de la famille et du domicile, ainsi que l'égalité et la liberté possibles, la propriété de source pure, et elle doit être fraternelle avec tous. La société doit empêcher les crimes autant que possible, et punir les criminels de peines correspondantes à celle du talion lorsqu'il n'y a pas de circonstance atténuante ou de crime accidentel. Elle doit aider les Français mécontents de l'état social à se rendre où il leur convient d'aller, s'ils sont trop pauvres pour s'y rendre. Ceci ne peut se faire qu'une fois pour chaque personne, afin que l'on n'abuse pas de cette bienveillance de notre République.

La liberté de la presse et celle de la parole, comme toute autre liberté, doivent être limitées. Ainsi, il devrait être défendu d'attaquer la République, le Suffrage Universel, la Souveraineté du Peuple ; il ne faudrait sans doute qu'une loi simple pour obtenir ce résultat. Il suffit d'imiter les autres gouvernements qui ne se laissent pas vilipender.

La justice doit poursuivre ces actes délictueux sur la plainte des mécontents, sans que ceux-ci aient besoin de plaider civilement.

La guerre civile et les vengeances sont presque toujours la conséquence des excès de plume ou de parole.

La société doit garantir l'existence à tous ceux hors d'état de travailler, qu'ils soient trop jeunes ou trop âgés, malades ou infirmes. C'est un droit pour ces êtres trop faibles. Elle doit cependant exiger un travail de ceux de ses assistés qui pourraient faire quelque chose, pour qu'ils ne soient pas trop à la charge des travailleurs économes de la nation.

L'homme valide a le droit de vivre en travaillant dans une société bien organisée. Celui qui ne veut pas travailler n'a aucun droit; on peut, et même il est utile de lui faire la charité, mais il n'a aucun droit d'exiger, même ce qui est strictement nécessaire à son existence.

La société ne doit pas nourrir des paresseux, ni payer trop cher des gens qui rendent peu de services, car c'est voler les travailleurs au profit des inutiles. En agissant ainsi, elle pourra toujours trouver de l'argent pour fournir du travail à ceux qui en manqueraient. La société ne doit pas souffrir de parasites, ni de sinécuristes, ni de cumulards. Dans ce nombre, on peut mettre principalement : le clergé, la présidence de la République, le Sénat, le Conseil d'Etat, toutes fonctions coûteuses et plus nuisibles qu'utiles.

La société ne doit permettre des syndicats et des associations que lorsqu'ils ne nuisent pas à une classe de citoyens, ou il faut les démocratiser assez pour que tout le monde puisse en faire partie. Ainsi l'association des gens de lettres, celle des artistes, les associations ouvrières mêmes, font des parias ou ilotes de ceux qui n'en font pas partie : cela est injuste.

La société doit plutôt pousser à l'association du capital avec le travail et la science ou le talent.

L'homme a le droit d'être propriétaire du fruit de son travail et de ses économies et de transmettre son bien à ses héritiers naturels ou à d'autres personnes, sous la réserve de l'impôt nécessaire, perçu à son décès seulement, pour les travaux publics et tous les services indispensables pour maintenir le bien social, la solidarité, et empêcher le désordre, l'injustice et la guerre civile. Il faut payer aussi l'armée et la marine pour défendre la République contre l'étranger envahisseur. Malgré cet impôt pris uniquement sur les héritages, les héritiers n'en seront pas moins riches, les décédés n'ayant rien payé pendant leur vie entière.

La société doit garantir la propriété de chaque individu, tant qu'elle peut, aussi bien contre les rusés voleurs, spéculateurs, accapareurs petits ou grands, et autres sortes d'escrocs, que contre les voleurs brutaux de toutes catégories.

Elle doit faire ses efforts pour faire rembourser aux victimes tout ce qu'il est possible d'arracher aux voleurs, sans que les volés aient besoin de plaider au civil.

Tous les voleurs, même par simple escroquerie, doivent être punis de la peine de rembourser ce qu'ils ont volé, par le travail en prison ; s'il y a plusieurs victimes, on partagera ce gain entre elles au prorata.

Lorsqu'il y aura eu violence, la punition devra être plus sévère.

La confiscation au profit de l'Etat, des biens volés, devra être rétablie lorsque les légitimes propriétaires seront inconnus. Il devra en être de même, lorsque des propriétés, bien ou mal acquises, serviraient à leurs propriétaires pour être nuisibles à la société par des accaparements criminels, des provocations à la guerre civile ou à d'autres crimes.

La société ne doit pas admettre que les fonctions et même les grades soient assimilés à des propriétés; cela n'est qu'une exagération des droits de ces serviteurs de l'Etat, puisqu'ils ont été payés pour leurs services et souvent trop.

Elle ne doit pas avoir des fonctionnaires gratuits: toute peine mérite salaire et généralement ce qui est gratuit coûte trop cher.

La société doit donner à tous les enfants pauvres une instruction élémentaire laïque jusqu'à douze ans, et une instruction professionnelle jusqu'à quinze ans, pour les rendre capables d'être un jour utiles à la société et en faire d'honnêtes travailleurs. Les enfants de parents trop misérables devront être nourris et habillés.

La société doit enseigner aux enfants la morale, la politesse, l'ordre, l'économie, la prévoyance, la propreté, l'hygiène, etc., etc. Elle doit encourager, et pousser plus avant dans la science ceux qui ont des dispositions et de la bonne volonté.

La société doit encourager, récompenser, grader, décorer les travailleurs de toutes catégories, ouvriers de tous métiers, savants, artistes, ingénieurs, militaires, marins, médecins, agriculteurs, commerçants, etc., etc. Les récompenses et distinctions honorifiques seront personnelles et ne pourront se transmettre à des héritiers. Ainsi il ne se formera pas de nouvelle noblesse.

Les citoyens qui, après concours, selon leur spécialité, refuseront les récompenses, ne pourront plus concourir à l'avenir.

Chaque homme ayant atteint vingt et un ans, a le droit de faire partie du souverain collectif pour élaborer les lois et faire gouverner le pays selon la volonté générale. Il prend alors le titre de citoyen. Il est alors électeur et éligible, ce sont des droits qu'on ne peut lui retirer.

La privation des droits politiques, les incompatibilités d'éligibilité à n'importe quelle fonction élective, sous quelque prétexte que ce soit, ne doivent pas exister. Il faut abroger ces lois tyraniques, qui sont surtout des armes de parti. L'armée doit voter.

Pour les grades militaires ou administratifs, il serait bon que six candidats fussent présentés par leurs égaux pour les fonctions directement au-dessus, en sorte que les chefs supérieurs soient renseignés sur les plus capables. On aurait alors un mélange utile d'élection et de choix. L'ancienneté n'est pas un titre.

Chaque citoyen doit payer l'impôt accepté par la majorité de la nation; il doit défendre sa patrie contre ses ennemis; il doit respecter la vertu et tout ce qui est respectable, mais ne pas s'abaisser devant ceux qui ne méritent pas de respect.

Il doit obéir aux lois du pays qu'il habite. L'Etat a le droit d'exiger le service militaire de tous les hommes, sans aucune espèce d'exception, même les infirmes et les fils aînés de femmes veuves. Les incapables de faire un service actif pourront être ouvriers militaires, infirmiers, etc.

Tous les jeunes gens de quinze à vingt ans devront recevoir des notions militaires. Le service actif ne devrait être que d'un an en temps de paix.

Le service militaire sera dû jusqu'à cinquante ans en cas de danger; les hommes les plus âgés feraient le service de place.

La société a le droit d'exiger que chacun produise pour vivre et elle doit encourager l'économie pour enrichir le pays.

Elle doit encourager les petites et les grandes entreprises utiles.

En France, elle devrait fonder dans chaque département une espèce de banque garantie du gouvernement (mieux que le Comptoir d'Escompte de Paris). Ces banques seraient des caisses d'épargne pour les économes, elles leur donneraient des intérêts de 4 p. 100 et elles prendraient 5 seulement, mais à des emprunteurs solvables.

L'Etat ne devrait jamais emprunter, ni les départements, ni les communes, ni les villes. La société doit défendre tous ses enfants contre l'ennemi étranger; mais elle ne doit pas permettre que des maladroits ou de mal intentionnés nous entraînent dans une guerre, sans le consentement de la majorité réelle du pays.

Une nation doit toujours conserver sa souveraineté qui doit être permanente et sans interrègne, et ne pas se faire esclave d'un maître, ce que la logomachie jésuitique des royalistes et des impérialistes nomme fixer sa destinée.

Un peuple réellement libre ne sera pas assez sot pour se faire esclave. Il n'y a que dans les oligarchies, qui sont de fausses républiques, que le désir de prendre un maître au lieu d'une kyrielle, peut venir à l'idée d'un peuple malheureux. Il ne faut pas de plébiscite sur un homme ; une mauvaise république vaut cependant encore mieux que la meilleure des royautés ; car dans les républiques aristocratiques, le peuple peut être aussi esclave et même plus qu'en monarchie, mais il a toujours espoir d'un changement, tandis que, avec un mauvais roi ou empereur il faut le tuer et les justiciers réussissent rarement, et dix-neuf fois sur vingt ils sont victimes de leur audace, même lorsqu'ils ont atteint leur but.

L'hérédité monarchique peut aussi remplacer un bon roi par un mauvais gredin, un tyran odieux. Le peuple alors se révolte, et s'il ne réussit pas, on le punit cruellement de son désir d'être heureux et libre. A force de se dire les élus par la grâce de Dieu, les rois finissent par le croire eux-mêmes, et ils trouvent naturel et même juste de faire verser le sang de plusieurs milliers de leurs sujets qu'ils traitent de rebelles ou de révoltés, eux qui sont les usurpatenrs des droits de tous.

Les rois et empereurs peuvent abuser de leur puissance pour faire la guerre avec toutes ses horreurs, et mener la patrie à la ruine et au démeubrement.

La majorité d'un peuple, mécontente de son sort en République, n'a pas le droit de se donner un maître, car elle viole les droits de la minorité présente, et aussi celui des majorités futures. D'un mal elle tombe dans un pire et le transmet à ses descendants pendant des siècles, tant est grande une puissance bien organisée contre la liberté.

Il n'y a qu'un droit réel : c'est celui de la souveraineté permanente du peuple. Toutes les autres formes du gouvernement : République sans suffrage universel ; monarchie constitutionnelle ou absolue, sont des usurpations du droit naturel des nations de se gouverner elles-mêmes.

Les républiques ne devraient pas reconnaître ces gouvernements illégaux.

Le peuple ne pouvant exercer sa souveraineté directement, parce qu'il ne peut pas s'occuper que de politique et de légiférer, doit avoir des commis ou des représentants payés directement par les collèges qui les ont élus. Il peut leur imposer le mandat impératif ou contractuel, mais toujours révocable, de même que le représentant a le droit de donner sa démission. Ces conditions ne peuvent s'exécuter que par l'élection d'un seul représentant par collège (scrutin uninominal). Il n'y a qu'un seul principe d'autorité, celui du peuple entier dans une nation. La voix du peuple est infaillible lorsqu'elle est permanente et librement consultée.

La séparation des pouvoirs est donc un principe erroné, puisqu'il n'y a qu'un pouvoir souverain qui réside dans la majorité de la nation.

Il n'y a donc que des fonctions et non des pouvoirs.

1° La fonction législative, exercée par les représentants du peuple qui font les lois.

2° La fonction exécutive, qui obéit à la volonté des représentants de la nation.

3° La fonction judiciaire, chargée d'appliquer les lois.

4° La fonction militaire, chargée de défendre la République contre les ennemis extérieurs et intérieurs.

5° La fonction administrative, pour exécuter les travaux, etc., etc., etc.

Ce projet est un idéal praticable pour perfectionner la République française, bien mal organisée actuellement.

Il peut servir à tous les peuples de la terre. Les empires

et royautés, que nous avons subis, ont empêché toutes discussions sur les grands principes politiques, sur la souveraineté du peuple, sur la manière de l'organiser, de l'exercer; de là le peu de progrès que l'on a fait sur cet important sujet. Cette étude est la base de tout le bien qui peut être réalisé.

Toutes les personnes qui veulent établir une bonne organisation sociale, sans la subordonner à l'organisation politique, sont dans une grave erreur.

C'est faire marcher la charrue avant les bœufs. On ne peut établir la justice sans avoir le droit et la force.

Les idées de nihilisme et d'anarchie ne peuvent prendre naissance, et surtout se développer, que sous un système politique, despotique, tyrannique et non perfectible. En supposant le triomphe impossible de semblables doctrines, ce serait une tyrannie infiniment plus odieuse que celle du pire despote, car ce serait la loi du plus fort, le despotisme de plusieurs millions de personnes, au lieu d'être sous le joug d'un seul.

Comme il n'y aurait aucune organisation, d'après ces idées singulières de malheureux désespérés, tout cela n'aurait qu'une durée éphémère, car la plus petite organisation militaire serait plus forte que tous ces hommes divisés. La plus petite force disciplinée a toujours raison des masses sans organisation. La liberté illimitée des uns fait l'oppression intolérable des autres. Cela ramènerait rapidement, à coup sûr, à la monarchie ou à la dictature, car la majorité serait vite fatiguée de cet état anormal et demanderait un maître à grands cris.

Le nihilisme, c'est la destruction de tout.

L'anarchie, c'est la liberté illimitée du plus fort d'opprimer le plus faible.

Le communisme est tout l'opposé de ces systèmes bizarres, mais cette organisation ne laisse pas assez de libre-arbitre à l'homme.

Le régime sous lequel nous vivons est encore bien déplorable : ce n'est ni une monarchie, ni une République, c'est l'exploitation de la nation par une coterie élue au suffrage restreint (le Sénat), et au scrutin officiel (la Chambre). Ce dernier mode de vote est une affreuse caricature du suffrage universel, c'est le vote le plus faux, le plus bête qu'il soit possible d'imaginer, après le scrutin de liste.

Il y a cependant bien mieux à faire que tout ce qui existe et que tout ce que l'on a inventé pour le bien général ; c'est ce que je vais tâcher d'élaborer de mon mieux, en amalgamant toutes les idées politiques et sociales des grands penseurs et ce que j'ai pu imaginer moi-même.

ORGANISATION DE LA CONSTITUTION

DE LA SOUVERAINETÉ DU PEUPLE

1. — La France est une République démocratique et sociale, une et indivisible.

2. — La République française a pour dogme : la Liberté, l'Egalité et la Fraternité.

3. — La souveraineté réside dans l'universalité des citoyens français. Elle est permanente, inaliénable, imprescriptible et *infaillible*. Il n'y a pas d'autres pouvoirs.

4. — L'exercice de la souveraineté du peuple se fait par les majorités successives, selon la volonté des électeurs. Aucun individu ni fraction du peuple ne peut usurper ce droit.

5. — La majorité fait les lois, auxquelles sont forcés d'obéir tous les citoyens et même les minorités importantes, jusqu'à ce que celles-ci soient devenues majorités.

6. — Tout Français ayant atteint vingt et un ans est majeur et devient citoyen électeur et éligible, sans aucune condition de cens ou de domicile et sans aucune inégalité, ni espèce d'exception, sous quelque prétexte que ce soit.

7. — Chaque citoyen devient alors membre du souverain qui est le peuple entier ; il a le droit de participer à l'exercice de la souveraineté pour toutes les élections politiques ou autres, et pour tous les actes souverains.

8. — Les militaires, les marins, ni aucune classe de la société ne doivent être privés de leurs droits politiques et sociaux. S'il y a quelques obstacles pour l'exercice de ces droits, les employés de la République doivent les aplanir de leur mieux.

9. — Aucune loi ni aucun juge ne doit ordonner, ni appliquer la peine de la privation des droits politiques, même pour les plus coupables, lorsqu'ils ont payé leur dette à la société. C'est un droit naturel inaliénable.

10. — Lorsque ce grand principe est enfreint, les hommes au pouvoir en abusent pour priver de leurs droits leurs ennemis politiques et même leurs contradicteurs. C'est une porte ouverte au despotisme des oligarchies.

11. — Le suffrage est direct, universel et surtout uninominal pour la nomination de tous ceux qui représentent ou qui sont employés des électeurs, représentant du peuple ou tout autre fonctionnaire. Le vote des électeurs doit être secret.

12. — Le scrutin de liste, qui fausse complètement l'élection, doit toujours être aboli lorsqu'il y a plus de 80 électeurs pour nommer un certain nombre de commis ou fonctionnaires.

13. — L'abolition du scrutin de liste est motivée d'abord parce que le peuple n'a jamais demandé ce procédé d'élection. C'est aussi le mode de scrutin le plus indirect, le plus défectueux, le plus sujet à l'intrigue. Tous les rapports sont rompus entre l'électeur et l'élu; aussi les électeurs nomment-ils, sans le savoir, des incapables et des traîtres.

14. — Ces gens qui se faufilent derrière certaines personnalités marquantes, sont des flatteurs, des intrigants n'ayant pas souvent de mérite personnel. Elus en tas, on ne peut leur imposer un mandat, ni les révoquer.

15. — Pour que la souveraineté du peuple soit toujours permanente, les élus du peuple, pour n'importe quelle fonction, ne le sont que pour un temps limité. Ils sont toujours révocables par la majorité des électeurs, de même qu'ils peuvent toujours donner leur démission.

16. — L'élection étant individuelle et pour un temps limité, le mandataire est toujours rééligible, mais les fonctions ne peuvent se céder sous aucun prétexte, lors même que cela se ferait gracieusement, sans aucun intérêt. Aucune fonction n'est héréditaire.

DE L'EXERCICE DE LA SOUVERAINETÉ DU PEUPLE ÉLECTION DES REPRÉSENTANTS DU PEUPLE FRANÇAIS

17. — La France est divisée en 86 départements ; chaque département nomme autant de représentants du peuple qu'il y a de fois cinquante mille habitants. Cinquante mille habitants forment un collège électoral ou circonscription.

Chaque collège électoral nomme un mandataire ou représentant du peuple. Si l'élu a une place quelconque, il doit la quitter ensuite. Le cumul est interdit formellement.

19. — Les représentants du peuple sont révocables et responsables devant la majorité de leurs électeurs. Ils sont payés sur le budget départemental. Les électeurs peuvent les nommer sans condition ou leur imposer le mandat contractuel ou le mandat impératif, ou toute autre condition.

20. — Les représentants auront 25 francs par jour de séance. Il ne doit y avoir ni vacance, ni jour de fête. Il faut que l'Assemblée du pays soit permanente pour qu'il n'y ait pas d'interrègne dans la souveraineté du peuple. Voyage gratuit sur les lignes de chemin de fer et les paquebots de l'Etat pour leurs services politiques.

21. — Alors, il y aura des suppléants qui seront payés 5 francs par jour. Chaque fois qu'un représentant prendra ce suppléant, il lui donnera 20 francs par jour. Ils auront le voyage gratuit, comme les représentants.

22. — Les représentants seront responsables des votes de leurs suppléants s'ils ne réclament pas en temps

utile contre le vote émis. Ce temps sera de 20 jours s'il n'a qu'une voix de majorité, de 19 s'il y a deux voix, de 18 s'il y a trois voix, etc.

23. — Pour qu'il n'y ait pas de surprise dans les votes, ils ne seront définitifs, tout de suite, que s'il y a vingt voix de majorité et comme ci-dessus (paragraphe 22). Les votes doivent être publics.

24. — La Chambre des représentants du peuple est une chambre unique, elle prend le titre de Convention nationale. C'est la plus haute autorité émanant du peuple, mais elle reste au-dessous du peuple, puisqu'elle est composée de commis responsables. Son siège doit être, autant que possible, dans la capitale; les séances sont publiques.

25. — Les mandataires du peuple sont élus pour quatre ans, sauf la démission ou la révocation. Ils doivent obéir à la volonté de leurs électeurs, c'est leur devoir, ou s'en aller. Quoique élus par des collèges électoraux, ils sont les représentants de la France entière. Ils sont toujours rééligibles.

26. — Les représentants de la Convention seront renouvelés par quart tous les ans, pour que la différence d'orientation politique ne soit pas trop brusque, et que le peuple-roi soit toujours bien représenté.

27. — Il n'y a plus de Président de la République ni d'autre pouvoir exécutif; mais, pour qu'il y ait unité d'action dans l'exécution des volontés de la Convention, il y a un président du conseil des ministres qui a la prépondérance sur eux.

28. — Le Président du ministère n'est pas ministre d'une spécialité : c'est le grand ministre sans portefeuille;

s'il y a dissidence dans le Conseil des ministres, il a 4 voix pour son compte.

29. —Le Président du ministère est élu par la Convention pour un temps indéterminé ; il peut rester deux jours ou trente ans. Il n'est pas forcé de se démettre si un ministre est en minorité, il peut en reprendre un autre sans disloquer le ministère. La solidarité ici est souvent nuisible à la durée des ministères.

30. — Le Président du ministère est le bras de l'Assemblée pour faire exécuter les ordres de la nation et les lois. Il doit choisir ses ministres dans l'Assemblée nationale.

31. — Le Président du ministère, ni les ministres, ne doivent pas avoir la priorité pour des propositions de lois. Ils doivent autant que possible, même s'abstenir pour ne pas risquer de tomber en minorité. Ils ont bien assez d'ouvrage sans cela, s'ils font leur devoir.

32. — Le Président du ministère doit être élu par l'Assemblée et choisi parmi les représentants du peuple, il reste représentant ainsi que les ministres, mais il est soumis aux ordres de la Convention. Avec un Président de la République et un Président du ministère, il y a quelquefois des tiraillements sensibles que l'on évite par cette nouvelle disposition.

33. — Le Sénat est aboli parce qu'il est nuisible à la démocratie et coûteux. Il est forcément l'ennemi naturel de la liberté, de l'égalité et de la fraternité, d'ailleurs son origine est suspecte, c'est le suffrage compliqué et restreint.

34. — Le conseil d'Etat est aussi inutile et nuisible ; le

plus souvent il sert surtout à pousser les ministres à proposer des lois réactionnaires, sans en avoir le droit, puisque c'est empiéter sur les législateurs. Les bonnes lois proposées par ces derniers, le conseil d'État les dénature.

35. — Les questions litigieuses, les conflits d'attributions, etc., pourront être soumis à la justice ordinaire. Quant à leurs propositions de lois et décrets, ils ne servent qu'à encombrer, compliquer et être des gênes pour entraver le progrès.

36. — La cour des comptes étant une pépinière de parasites, de sinécuristes, telle qu'elle est organisée, sera remplacée par une douzaine de comptables, jeunes et capables, qui seront tenus de vérifier les comptes rapidement. Surtout les budgets des recettes et des dépenses.

ÉLECTION

DES CONSEILLERS DÉPARTEMENTAUX (DITS GÉNÉRAUX)

37. — Chaque département doit nommer des conseillers généraux pour quatre ans, pour s'occuper des affaires spéciales du département. Il y aura un conseiller pour 12,500 habitants. Le collège départemental sera donc le quart du collège électoral des députés.

38. — Chaque collège départemental nommera un conseiller, qui sera révocable et responsable, mais aussi rééligible. Ils seront payés 10 francs par jour, le temps de la session qui ne doit pas durer plus d'un mois. Ici on ne peut défendre le cumul avec le mandat, mais tout autre cumul.

39. — De même que les représentants, ils auront des suppléants qu'ils devront payer avec leurs appointements et être responsables du vote de ces derniers. Les conseillers et leurs suppléants auront droit au voyage gratuit pendant la session, mais dans le département seulement.

40. — Ces petites assemblées siégeront à la préfecture de chaque département, à l'époque qui paraîtra la plus convenable. Elles ne seront pas nécessairement à la même époque de l'année. Les séances seront publiques.

41. — Chaque département aura un préfet choisi habituellement par le Président du Conseil des ministres, dans le nombre des conseillers du département.

42. — Les sous-préfectures seront abolies ainsi que les sous-préfets, cela ne fait que compliquer inutilement les rouages administratifs et les dépenses.

ÉLECTION DES CONSEILLERS MUNICIPAUX COMMUNAUX

43. — Les communes actuelles étant des divisions trop petites (35,859 en France), les affaires trop locales, trop peu solidaires l'une de l'autre, l'autorité trop amoindrie, seront fondues dans le canton.

44. — Les cantons prendront le nom de communes (2,844 en France). Elles seront administrées par un maire et deux adjoints choisis d'ordinaire par le ministre de l'intérieur, parmi les conseillers municipaux.

Les services gratuits étant généralement trop chers, les maires auront 1,500 francs par an et les adjoints 750 francs.

45. — Il y aura un conseiller municipal pour 625 habitants. Les cantons seront donc divisés en autant de circonscriptions électorales communales qu'il y a de fois 625 habitants dans ce canton-commune.

46. — Chaque conseiller pourra voyager gratis, ainsi que son suppléant, pendant la session qui doit être de huit jours au plus, mais dans le canton-commune seulement. 5 francs seront alloués chaque jour de séance.

47. — Chaque conseiller municipal est élu pour quatre ans. Il est révocable, démissible et responsable.

Il ne doit s'occuper que des affaires locales ou tout au plus départementales.

48. — Les conseillers se réuniront à la mairie de la nouvelle commune et seront payés sur les fonds communaux.

49. — Les grandes villes seront divisées en petites communes-cantons. Pour les affaires générales importantes, le Préfet pourra réunir des délégués, soit d'office, soit sur la demande des administrés.

DES PRIVILÈGES ET ARRANGEMENTS ENTRE LES PARTICULIERS ET LES SOCIÉTÉS AVEC L'ÉTAT

50. — Tous les privilèges sont abolis ou revisés démocratiquement, au mieux dans l'intérêt de la nation.

51. — Tous les soi-disant droits acquis par l'habitude ou par abus seront vérifiés de manière à léser le moins possible ceux qui les possèdent et faire des économies à l'État.

52. — Il faudra abolir toutes les sinécures, le cumul ou au moins faire travailler les gens qui en sont pourvu, jusqu'à ce que ces abus n'existent plus.

DES FONCTIONS LÉGISLATIVES EXÉCUTIVES ET JUDICIAIRES

53. — Il n'y a pas trois pouvoirs, ni alors de séparation entre eux. Il n'existe qu'un seul pouvoir, la Nation. En dehors de ce pouvoir il y a des fonctionnaires qui lui doivent obéissance ou se démettre.

54. — L'Assemblée nationale ou Convention, tout en représentant le pays et en étant gardienne de la souveraineté nationale, remplit aussi les fonctions législatives.

55. — L'Assemblée fait donc les lois sans autre collaboration que celle qui lui convient. Elle surveille aussi l'exécution des lois et des volontés du peuple.

56. — L'Assemblée étant toujours d'accord avec le souverain, par la manière qu'elle est organisée, sera omnipotente pour faire le bien, pour défendre la patrie et tout ce qui lui sera utile et profitable et qu'il est impossible d'énumérer dans un simple projet de Constitution.

57. — Les fonctions exécutives seront dirigées principalement par un chef unique pour avoir promptitude et unité d'exécution indispensables ; c'est le président du ministère, sans portefeuille. Son traitement est de deux cent mille francs par an, sans supplément, sous aucun prétexte.

58. — Les ministres auront provisoirement les mêmes attributions qu'actuellement, et toucheront cinquante mille francs par an. Le chef du ministère et les ministres sont nommés par la Convention pour un temps indéterminé, sont toujours démissibles, révocables et responsables. Le chef du ministère peut aussi choisir ses ministres.

59. — Les résidents des colonies ou gouverneurs, ainsi que les ambassadeurs, consuls, chargés d'affaires, auront des traitements variant de cinq mille à cent mille francs au maximum.

60. — Il n'y a pas non plus de pouvoir judiciaire, il n'y a que des fonctions. Lorsque ces fonctionnaires n'appliquent pas la loi, il n'y a pas d'inamovibilité pour eux.

61. — Il y a une foule de réformes à faire. On devrait avoir la justice gratuite, elle coûte plus que jamais. Des coquins, diffamés avec raison, se font donner des indemnités en police correctionnelle, qui n'admet pas les preuves. Nul n'est censé ignorer la loi, et les jurés ne doivent pas s'en préoccuper, etc., etc.

LA FORCE PUBLIQUE
LES FINANCES ET AUTRES ADMINISTRATIONS

62. — Depuis le bas jusqu'en haut, l'organisation et le code militaires ont besoin d'une grande réforme, que les représentants du peuple et les hommes compétents peuvent et doivent opérer pour pouvoir repousser l'ennemi extérieur et empêcher le désordre intérieur.

63. — La principale, c'est que les garçons de 15 à 20 ans apprennent le maniement des armes, l'équitation et autres exercices nécessaires. De 20 à 21 ans, internement et grandes manœuvres. Plus de vingt-huit jours ni de treize jours, qui sont de grandes causes de démoralisation, mais exercice de temps en temps, jusqu'à cinquante ans.

64. — Il doit y avoir une armée permanente pour entretenir l'esprit militaire nécessaire, la France n'ayant pas de frontières naturelles au nord, et faibles des autres côtés. Elle sera composée de tous les volontaires français et étrangers; elle sera l'avant-garde en cas de déclaration de guerre, pour que l'on ait le temps d'organiser les forces de la nation. Elle servira aussi de cadre pour incorporer les citoyens.

65. — Il n'y aura pas de tirage au sort. Les compagnies de discipline seront spécialement composées de tous les condamnés pour crimes. On les enverra spécialement dans les colonies malsaines et les endroits dangereux. Cela sera plus utile que la relégation. Des diminutions de peine pourront être accordées aux plus braves et aux plus obéissants.

66. — Il n'y aura aucune espèce d'exception pour le service militaire. Le clergé et le professorat ne seraient pas exemptés, ni fils ainé de femme veuve, ni infirme, ni malade, ni défaut de taille, etc. Seulement, chacun passera au conseil de revision pour le classement de travaux à faire selon les aptitudes, la constitution et l'état de santé. Les malades seront soignés au corps si la maladie n'est pas trop grave.

67. — En cas de guerre, il y aura des commissions

spéciales : une de militaires retraités pour contrôler, examiner, critiquer ou approuver les opérations de nos généraux ; la seconde, composée de savants en physique, mécanique et chimie, d'ingénieurs et de constructeurs pour employer tous les moyens de défense possibles que la science et l'industrie peuvent fournir. Ces commissions se mettront en rapport avec certains membres choisis par la Convention.

68. — Les grades seront obtenus par l'élection d'un certain nombre de candidats par leurs égaux et par le choix que fera ou feront le ou les supérieurs, selon les conditions. Il faudrait une bonne loi pour organiser cela d'une manière juste, et pour obtenir de bons chefs capables et braves.

69. — Pour toutes les administrations de l'Etat on opérera de la même manière pour avoir des hommes capables à la tête des administratious de tous les ministères. Il n'y aura plus de rang d'ancienneté, ni de droits acquis. ni de pensions de retraite.

70. — Les employés pourront s'entendre entre eux pour avoir une caisse de retraite. Mais ils pourront retirer leurs fonds à tout âge. s'ils ne veulent pas rester employés de l'Etat.

L'inconvénient des pensions, que l'Etat paie à un certain âge, c'est que souvent on conserve de mauvais serviteurs pour ne pas les priver de cette pension. Et malgré tout, ils se persuadent que cela leur est dû.

71. — C'est surtout sur les finances qu'il y a des réformes à faire. Que de dépenses inutiles et même nuisibles à empêcher ! Que d'impôts mauvais, gênants et d'un faible rapport à détruire !

72. — Un impôt unique sur l'héritage est le moyen le plus parfait que j'aie cru devoir proposer, c'est le plus facile à percevoir; au lieu d'être gênant, il est utile pour mettre d'accord les héritiers et empêcher les vols si communs dans ces tristes circonstances. Les vivants n'ayant rien eu à payer pendant leur vie, les héritages seront plus considérables.

73. — Une fois réglé, cet impôt pourra remplacer tous les autres, excepté celui des douanes, si l'étranger ne veut pas faire peu à peu une union douanière, ce qui serait une chose très bonne pour eux comme pour nous.

74. — Il ne faut plus que l'Etat, les villes et les communes fassent d'emprunts.

75. — L'abolition du budget des cultes est indispensables par justice, par économie et pour le progrès de la morale et de la science.

GARANTIE DES DROITS DE L'HOMME ET DE LA SOCIÉTÉ

Cette constitution garantit à tous les Français : la Fraternité, l'Egalité, la Liberté, la Sûreté, la Propriété des biens légitimement acquis par le travail ou par les héritages, d'après la loi. Elle garantit aussi la liberté de conscience ou libre-pensée de croire ce que l'on veut; la liberté de la presse et de la parole limitée par celle d'autrui.

La société doit donner l'instruction gratuite, laïque à tous les enfants pauvres des deux sexes, jusqu'à douze ans, pendant six heures par jour. Jusqu'à quinze ans, apprentissage pendant cinq heures et instruction pendant trois heures. Beaucoup de cours publics et très peu de grades qui créent des mandarinats et des gens qui croient avoir le droit de diriger les autres et d'avoir des places et même des sinécures lucratives.

L'Etat doit soulager la misère et surtout les infortunes imméritées des pauvres enfants. Elle doit secourir à domicile ou dans des hospices tous les malades, les infirmes et les vieillards hors d'état de travailler.

La société doit empêcher les forts d'opprimer les faibles ; elle doit empêcher l'esclavage ou même l'exploitation de l'enfance et aussi les vœux religieux, même pour le temps le plus court.

Elle ne doit permettre que des associations d'utilité générale et toujours publiques.

REVISION DE LA CONSTITUTION

Le gouvernement parlementaire, dont les membres sont révocables par les électeurs et responsables de leurs actes, est la meilleure forme de gouvernement.

Il peut se reviser lui-même, si la Constitution est imparfaite, il peut marcher sans entrave dans le progrès et la justice pour l'amélioration du sort du plus grand nombre et faire alors du socialisme praticable, qui n'est possible que par une bonne organisation politique démocratique.

Dans une bonne organisation politique, non seulement il y a tous les germes du progrès social, mais il y en a souvent l'indication textuelle et la possibilité de l'application, car on a la force et le droit.

C'est donc par l'organisation politique qu'il faut commencer, si on veut augmenter la richesse générale, la répartir le plus justement dans la société et abolir la misère, surtout celle imméritée. Il est important de démontrer cela, pour que les personnes bien intentionnées ne se perdent pas dans la nébulosité des systèmes socialistes qui sont si contradictoires.

Malgré le talent de ces penseurs si humains, si pleins de bonne volonté pour la plupart, les sociétés ne peuvent se transformer à leur gré ; il y a tant d'éléments disparates. Si une bonne organisation politique peut s'appliquer dans toutes les contrées du globe, il n'en est pas de même de l'organisation sociale. Les mœurs, coutumes, habitudes et caractères, tiennent de l'influence des milieux. Le milieu, c'est le climat, la position géographique, les événements politiques, etc. Les transformations internes qui se produisent, lorsqu'elles ont pour facteur principal le temps, sont les plus solides et les plus durables.

Vouloir transformer instantanément la société par la force, c'est de toute impossibilité. Si c'est un parti, il est écrasé cent fois pour une ; s'il vient à triompher, sa durée est éphémère et une réaction épouvantable le décime complètement. La conquête même ne peut parvenir à transformer les peuples vaincus, si le temps ne vient pas en aide à la force. Lorsque le peuple conquis est faible, alors il disparaît comme les sauvages de l'Amérique.

Une bonne organisation politique peut s'établir partout, car elle est très simple, tandis que l'organisation sociale est des plus complexes et ne peut pas être la même partout. Ce sera donc à chaque peuple, ayant en main l'instrument de progrès, à s'en servir pour perfectionner peu à peu les moyens d'être heureux. Il y a aussi une importance considérable à produire le plus et le mieux possible pour fournir la richesse indispensable pour guérir les malades, soulager les infirmes et les vieillards, instruire la jeunesse et lui fournir les moyens de vivre lorsqu'elle n'a pas de parents ou que ces derniers ne peuvent suffire par leur travail à les nourrir et à leur donner le nécessaire.

Certains socialistes craignent l'emploi des machines et la surproduction ; ils sont dans une erreur complète, car plus il y a de production générale, plus tout le monde est riche, et moins on a besoin de faire de travail de force pour vivre. Je sais bien qu'il y a quelquefois surabondance de certains produits ; mais cela tient à des causes tout à fait secondaires et qui n'infirment nullement la loi générale de la production.

Je ne dirai pas comme Gambetta « qu'il n'y a pas de question sociale ». C'était très maladroit et très faux. Il n'y en avait plus pour lui, il est vrai ; mais combien de misères et de maux on pourrait soulager par une meilleure organisation de la société !

Je ne vois pas cependant de panacée qui puisse guérir un mal aussi profond et aussi universel ; il n'y a guère de contrée sur la terre où le peuple soit heureux. Il faut que le peuple ait la force et le droit pour pouvoir trouver lui-même les remèdes nombreux, nécessaires pour abolir la misère et adoucir toutes les souffrances. Il y a des anarchistes et des nihilistes qui préconisent l'emploi de la force pour faire le bonheur de la classe ouvrière. Il est évident que la force est nécessaire pour appuyer le droit, mais encore, faut-il l'avoir, qu'il soit légitime de l'employer et que l'opinion publique soit avec vous. Enfin, il faut pour entraîner les masses, que l'on ait un but bien déterminé ou que le mécontentement soit à son comble ; sans cela la plus petite force disciplinée viendra à bout de la masse révoltée.

En supposant le triomphe d'un parti socialiste, ce sera toujours d'autres maîtres en place de ceux que nous avons, et ce triomphe ne pourrait être qu'éphémère, puisque les autres sectes ou coteries seraient forcément éliminées, leurs opinions étant, pour plusieurs, complètement opposées l'une à l'autre, quoique les aspirations soient les mêmes pour le bonheur commun. Ici j'élimine encore une quantité qui n'est pas négligeable : la masse du peuple qui ne partage pas ces idées ou qui ne s'en préoccupe pas.

La révolution de 89 était faite dans les esprits : c'est pourquoi elle a triomphé. Il aurait peut-être mieux valu pour nous que Louis XVI eût été plus capable de gouverner et que la révolution ne fût faite qu'à sa mort naturelle. Les sciences politiques et sociales auraient été plus parfaites ; il n'y aurait pas eu autant d'opposition et, alors, moins de sang versé dans la guerre civile et les guerres étrangères. Peut-être actuellement aurions-nous les Etats-Unis d'Europe au lieu d'avoir des nations qui se ruinent en armements et qui sont prêtes à s'exterminer. Nos idées de liberté et de justice, qui avaient séduit les autres peuples tout d'abord, ont fait place à la haine, lorsque nous avons été forcés de les défendre par le canon.

Si les révolutions de 1830, 1848 et 1870 ont réussi à renverser les gouvernements, c'est que le mécontement était général. Si la Commune de 1871 n'a pas vaincu le gouvernement, tout en ayant des hommes, des armes et de l'argent. et même l'union des socialistes et des républicains, c'est que malgré l'infamie de Thiers et de ses complices qui étaient eux-mêmes la cause de l'insurrection du 18 mars. l'opinion générale de la nation n'était pas pour l'autonomie des communes.

Pour faire des révolutions, il faut des causes entraînantes pour la majorité et le mécontentement général contre le gouvernement. sans cela, on n'arrive qu'à aggraver les maux du peuple d'une manière affreuse.

Depuis 1842, j'ai étudié et j'étudie encore toutes les théories, systèmes et rêveries des socialistes anciens et modernes. J'y ai trouvé de fort bonnes idées, mais presque toujours mêlées à des erreurs très graves et surtout à des impossibilités pratiques presque absolues. Je n'ai pu, malgré mes efforts, me faire un critérium de ce qu'il fallait adopter. Je n'oserais pas dire « qu'il n'y a pas de science sociale », car chaque école prétend la posséder ; mais je ferai remarquer à ces savants, que leurs opinions sont tellement contradictoires, dans bien des cas, qu'elles s'annulent les unes par les autres.

Dans tout ce que j'ai étudié. en dehors du socialisme, j'ai pu, généralement, me faire une idée ou une théorie de chaque science ; mais cela m'a été impossible dans les travaux des socialistes. Peut-être ai-je vu trop d'opinions différentes ; je me suis perdu dans ces contradictions.

Est-ce à dire qu'il faut renoncer à coordonner, à fusionner ces opinions contraires ou disparates, parce que c'est au-dessus de mes forces pour le moment ? Non pas. Seulement, tant que cela ne sera pas fait, il n'y aura pas de science sociale incontestable. Les jeunes adeptes, qui prétendent la posséder, n'ont vu qu'un côté du problème, ou n'ont étudié qu'une théorie sociale séduisante. Lors même que le grand législateur de la science sociale ne viendrait jamais à paraître sur la terre, on pourra améliorer le sort de tous, je le répète, par la bonne organisation politique. Alors, chaque jour un progrès s'accomplira, un mal disparaîtra.

En 1846, lorsque le « Voyage en Icarie » de Cabet parut, j'ai lu ce livre avec passion. Je connaissais « l'Extinction du paupérisme » de Louis-Napoléon, « l'Organisation du travail » de Louis Blanc, plusieurs brochures et journaux des saints-simoniens et des phalanstériens ou fouriéristes. Ce qui m'a enthousiasmé dans Cabet, c'est son organisation républicaine transitoire, bien plus que sa communauté. J'aimais donc une grande partie des idées de Cabet sans me laisser entraîner complètement. Aussi, ai-je été indigné en 1848, lorsque la réaction a crié : A bas les communistes! Sans être communiste, j'approuvais beaucoup les choses justes, proposées par Cabet.

Les communistes étaient des hommes sincères, mais naïfs, qui croyaient que la société serait sauvée par la communauté déjà prêchée par Jésus-Christ, il y a dix-huit siècles.

En 1848, tous les socialistes voulaient organiser ou réorganiser la société sur des bases plus justes : les uns par la politique, les autres par le socialisme et d'autres par les deux moyens. L'accord politique entre les républicains était bien plus complet que l'accord des socialistes entre eux. Les premiers ont pris la direction du gouvernement, mais, encore trop peu éclairés, ils n'ont pas su garder notre souveraineté du peuple. Ils ont adopté le scrutin de liste, croyant que c'était le suffrage universel ou plutôt pour se faire élire. Ils sont la cause première de la chute de la République qu'ils croyaient avoir fondée sur des bases inébranlables.

En 1848, une note bruyante et discordante est venue jeter le désarroi parmi les socialistes. Proudhon, se disant aussi socialiste, voulut faire beaucoup parler de lui. Aussi, émettant des paradoxes avec l'aplomb imperturbable d'un charlatan, il a écrit qu'il ferait tourner la terre d'Orient en Occident au lieu de tourner d'Occident en Orient. Il a dit « que la propriété, c'est le vol » ; alors tout le monde est voleur, puisqu'il n'y a personne qui ne possède quelque chose. Et avec cela, il était l'ennemi des communistes qui n'admettent pas la propriété individuelle ; quelle singulière logique !

Pour lui, l'anarchie était la meilleure organisation sociale, parce que c'était « l'an — archie ».

Il ne définit pas ce qu'il entend par là. Les républicains, eux aussi, ne veulent pas de castes ni de classes, mais ils ne sont pas des anarchistes pour cela. Enfin, il a dit qu'il fonderait une banque gratuite et, au moment de l'exécution, il a fait un article de journal des plus violents pour se faire arrêter.

M. Thiers a suivi ce noble exemple, d'une autre manière en 1851, lorsque M. Claude l'a averti qu'il devait l'arrêter. Il a répondu « tant mieux ». Il ne voulait pas être forcé de marcher avec le peuple, ce chef lâche et féroce !

Notre mauvaise Constitution politique, l'incapacité et souvent l'indifférence ou la trahison de nos représentants ont remis à neuf les idées baroques de Proudhon, ce républicain renégat qui s'est converti à l'empire. (Voir la révolution sociale démontrée par le coup d'Etat.)

L'anarchie est complètement l'opposé de la forte organisation sociale que tant de rêveurs honnêtes ont voulu rendre parfaite ; les cités ouvrières, les ateliers nationaux, les phalanstères, l'association hiérarchisée de Saint-Simon du travail, du capital et du talent, les corporations du socialisme chrétien ou des francs-maçons, tout cela est donc l'antagonisme de l'anarchie qui ne veut aucune organisation sociale, tout en se disant socialiste.

Les anarchistes ne veulent pas de hiérarchie, et cependant ils proclament la venue d'un *quatrième état* qui implique la reconnaissance des trois autres.

Avec la hiérarchie et les castes des organisations socialistes, l'homme est esclave et ne serait peut-être pas plus heureux si la société s'organisait suivant leur vouloir. Les malheureux communistes, qui ont voulu mettre à exécution le rêve du bon Cabet en sont un triste exemple. Il y a eu aussi les tentatives des Saint-Simoniens, des phalanstériens, des sociétés ouvrières, qui n'ont pas donné de bons résultats.

Ces expériences malheureuses ont eu un bon côté ; ce qui était praticable dans notre société a servi à la perfectionner au lieu de la dissoudre. L'anarchie ne perfectionne pas la société ; elle la dissout. C'est le droit du plus fort qui s'empare de tout ce qui lui convient, puisqu'il faut que chacun ait selon ses besoins. Il est vrai qu'il doit produire selon ses forces ; mais qui le contraindra à produire ? Moi, je crois, au contraire, que ce serait celui-là qui aurait le plus de besoins qui travaillerait le moins.

Il y a aussi les nihilistes qui ne veulent pas seulement détruire la société : ils veulent que tout disparaisse. Ils veulent faire comme ce cruel bon Dieu qui, soi-disant, a fait le déluge universel (ce qui est scientifiquement impossible) pour faire disparaître du globe l'espèce humaine qu'il était coupable d'avoir mal fabriquée.

Ces nihilistes sont peut-être, malgré leur férocité, beaucoup plus socialistes que les anarchistes. Ils ont probablement une conception de société que nous ne connaissons pas pour faire le bonheur du genre humain.

Ils feraient le mal pour tout réorganiser.

En attendant, ils commettent des crimes en prêchant la destruction aux désespérés ; aussi réussissent-ils à faire des adeptes aux époques les plus malheureuses et dans les contrées où le despotisme est le plus terrible. Anarchistes et nihilistes sont, pour le moment, des antisocialistes, quels que soient les bons sentiments sur lesquels ils appuient leurs idées nébuleuses et mauvaises.

CONCLUSION ET APPLICATION

AUX AMÉLIORATIONS DE LA SOCIÉTÉ

Bien avant Jésus-Christ, il y a eu des socialistes. Jésus-Christ lui-même, qui aurait voulu être roi des Juifs, était communiste. Ceux qui exploitent son nom actuellement pour gouverner la chrétienté sont les plus grands ennemis des socialistes. Ils ont cependant des communautés, mais elles vivent aux dépens de la société ; elles participent au budget des cultes et à une foule d'avantages que ne possèdent pas les travailleurs libres, et mêmes elles font une concurrence nuisible à ces derniers.

Les cléricaux sont tous monarchistes ; ils détestent les socialistes, surtout s'ils sont républicains, parce que ceux-ci savent employer la force et le droit pour faire triompher la justice et détruire le parasitisme.

Les socialistes sans principes politiques républicains ne pourront arriver au bonheur commun, parce qu'ils n'ont que des aspirations vagues et presque toujours impraticables. Ils ne sont pas un grand danger pour les cléricaux. qui cependant vivent à nos dépens, faussent l'instruction de la jeunesse et sont les plus dangereux ennemis du progrès et de la morale.

Dans mon projet d'organisation politique, il y a des bases de perfectionnement de la société praticables actuellement. Par exemple, l'impôt unique sur l'héritage serait déjà une énorme amélioration et une augmentation de la richesse publique, puisque la perception serait plus facile et que l'on gaspillerait moins. Ce moyen si simple de trouver des ressources utiles à l'Etat pour l'intérêt général, soulagerait surtout les plus pauvres, aiderait les travailleurs à sortir de la misère, puisqu'ils n'auraient aucun impôt à payer. De même il faciliterait aux plus intelligents, aux plus entreprenants ou aux plus chanceux l'enrichissement par quelques entreprises qui sont si souvent entravées par les impôts de toutes natures et de toutes formes, que l'on paie sans le savoir, mais qui n'en ruinent pas moins les contribuables.

La politique est au socialisme ce que l'hygiène et le régime sont à la médecine. L'hygiène est le moyen de se préserver des maladies et le régime prépare et aide leur guérison. Les sociétés, comme l'espèce humaine ont leurs maladies que l'on peut tout de même guérir quand on n'a pas su les préserver ; seulement cela ne se fait pas aussi rapidement. car les sociétés ont une existence autrement longue que la nôtre.

Il faut d'autant plus de temps que, malheureusement, ceux qui sont au pouvoir ne s'occupent guère de la misère du peuple. C'est un mal trop difficile à guérir, et il est bien plus commode de jouir des avantages de la position que l'on occupe, que de travailler à faire le bien, d'autant plus que l'on trouve trop d'ingrats et d'ennemis.

Une bonne forme politique est applicable dans tous les pays de la terre. Les états et les sociétés sont organisés le plus souvent selon l'influence des milieux, selon la nature des habitants, le degré de leur civilisation, leur origine, l'âge de la société, le climat, les mœurs. Les mêmes remèdes à leurs maux ne sont pas également applicables à tous, de même que le succès d'un médicament dépend beaucoup de la constitution du malade.

Quant à ceux qui ont des panacées universelles pour faire tout de suite le bonheur des peuples ou guérir les maladies de l'espèce humaine, ce sont des charlatans. Mais il y a des principes politiques généraux applicables en tous pays. Par exemple : la souveraineté du peuple.

Nous allons examiner *grosso-modo* les principaux systèmes socialistes, en faire la critique, et voir ce qu'il y a de bon à en tirer.

Vers le IXe siècle avant J.-C., il y avait de grandes dissensions entre les citoyens de Sparte ou Lacédémone, ville du Péloponèse, en Grèce. Lycurgue, qui était le tuteur du roi son neveu mineur, imposa, par la force, aux Lacédémoniens une constitution ayant un caractère socialiste très accentué, un peu calqué sur les lois du sage Minos, roi de Crète. C'était, comme forme de gouvernement, une espèce de monarchie représentative avec un partage égal de biens et la communauté de nourriture. Les repas étaient pris en public et les monnaies d'or et d'argent remplacées par du bronze. Le peuple était divisé en trois classes : les Spartiates, les Provinciaux et les Ilotes ; quelque chose comme la noblesse, la bourgeoisie et le peuple.

Les Spartiates avaient eu les meilleures terres en partage ; les Provinciaux ou Laconiens bien plus nombreux, n'en avaient pas plus à se partager. Je ne pense pas qu'aucun ouvrier veuille d'une semblable organisation, d'après Lycurgue, où il ne serait rien dans la grande commune. L'ilote était à la fois l'esclave du maître et de l'Etat. Le maître ne fait rien : il faut que l'ilote travaille pour lui et le nourrisse ; quelle belle communauté. L'éducation des enfants spartiates se faisait en commun, mais les ilotes en étaient privés.

Sparte a eu un patriotisme ardent, mais étroit ; elle traitait en ennemis les autres habitants de la Grèce. Ce n'est guère l'idéal de nos socialistes modernes. Les institutions de Lycurgue n'étaient pas du véritable socialisme, pas plus que la République romaine n'était une véritable république démocratique.

En l'an 495 avant J.-C., à Athènes, Solon fit une constitution dans laquelle il abolissait le quart des dettes des débiteurs. Il instituait l'impôt progressif et donnait bien plus de liberté au peuple que Lycurgue en avait donné aux Spartiates. C'est un peu mieux.

Platon, né 430 ans avant l'ère chrétienne et savant philosophe, a imaginé aussi une république communiste qui n'a pas été appliquée. Dans cette république il y a une aristocratie composée de guerriers et de philosophes qui n'ont rien à eux ; ils sont nourris en commun et n'exercent aucune profession laborieuse, indigne de tout homme libre. Les femmes de ces aristocrates sont communes à tous ceux de la caste et les enfants élevés en commun. Ce sont eux qui sont citoyens libres et qui gouvernent l'Etat. Les cordonniers, les forgerons ont des occupations qui les dégradent. Ce sont de vils mercenaires qui sont exclus, par leur état même, des droits politiques. Que dites-vous, communistes modernes, du divin Platon ?

Les Romains, eux, n'étaient pas communistes ; seulement de temps en temps ils voulaient le partage des terres. Cela n'a rien d'étonnant, car un peuple guerrier est un peuple voleur. Le plus souvent les généraux comme les chefs de brigands se font adjuger les plus belles parts ; aussi est-il naturel que leurs complices demandent le partage de ces biens volés, lors même qu'ils en ont déjà eu une part, mais qu'ils l'ont dépensée ou perdue au jeu. Les socialistes, qui préconisent le partage des biens, prennent pour modèle ces bandits qui pillaient l'univers connu, qui avaient une foule d'esclaves dont ils avaient volé la liberté. En définitif, la république romaine n'était pas une véritable république, puisqu'il y avait des maîtres et des esclaves et une organisation dont ne voudraient certainement pas nos novateurs modernes.

Si nous passons au christianisme, la communauté des biens, que Jésus-Christ proclame, n'est que la communauté de misère, puisqu'il conseille de ne rien faire, Dieu devant nourrir ses enfants. Il donne lui-même ce mauvais exemple en quittant l'établi de son père pour discuter avec les docteurs, avoir de mauvaises fréquentations et se montrer l'ennemi de la famille.

Si le Christ a propagé de bonnes idées, d'après ce qu'il nous a enseigné, il y en a peut-être encore autant de mauvaises et de plus, si on en croit les évangélistes, il aurait été un charlatan et un escamoteur. Toutes les communautés religieuses sont les conséquences du succès du christianisme qui a eu le bon esprit de prendre parti pour les esclaves, les pauvres et les opprimés, au moment de la décadence de Rome ; tandis que maintenant c'est bien différent : aussi tombe-t-il, faisant l'inverse de ce qui l'a élevé.

L'utopie de Thomas Morus est un mélange du partage des biens et du communisme. Il y fait une critique très juste des richesses mal acquises des riches et des nobles. Mais son moyen n'est pas plus praticable que tous les systèmes de ce genre. D'ailleurs c'est une communauté ayant pour chef : un roi ; le même qui lui fit couper la tête en 1535 : le bon roi Henri VIII, un véritable Barbe-bleue.

Vers 1630, Campanella a publié le *Cité du Soleil*. C'est toujours une espèce de communisme avec l'autorité en tête et des fonctionnaires classés hiérarchiquement selon leurs capacités.

Il est à remarquer que toutes les communautés religieuses ont un chef à qui chaque membre est tenu d'obéir, ou une chefferesse abbesse ; roi ou reine, c'est un maître absolu.

En 1789-90, l'Assemblée constituante et la législative consacrent l'inviolabilité de la propriété individuelle acquise par le travail ou tout autre moyen légal ; elle doit être sacrée. C'est d'ailleurs le plus grand stimulant du travail et de la richesse générale ; le meilleur moyen pour qu'il y ait le moins possible de pauvres dans un pays et que ce pays soit puissant contre ses ennemis en se faisant des alliés comme l'a fait l'Angleterre qui, par parenthèse, n'est pas à imiter par une organisation politique et sociale.

Augmenter la richesse d'un pays et faire des lois justes pour confisquer les biens des voleurs et des parasites, cela serait du véritable socialisme praticable. Robespierre admet le droit au travail et les impôts supportés par ceux qui le peuvent ; en cela je suis de son avis.

Il y aussi la hiérarchie Saint-Simonienne, où on classe chacun suivant ses capacités par l'ordre du chef. On trouve dans cette rêverie la bonne idée d'unir le « Capital, le Travail et le Talent ».

Le phalanstère de Fourier est une fourmilière, une ville d'un seul bloc, où tout le monde vit en commun et où il y a le « Travail attrayant ».

Le voyage en Icarie de Cabet (1846) est un perfectionnement du communisme, mais n'en est pas meilleur pour cela. C'est toujours un chef qui dirige tout : le fameux Icare. Je préfère sa république de l'état transitoire.

Les ateliers nationaux de Louis Blanc sont encore un acheminement au communisme. C'est ce que les socialistes, qui cachent leur façon de penser, nomment la « socialisation des instruments de travail ». C'est l'expropriation volontaire ou forcée des fermes, des usines, des manufactures, etc. Chacun travaillera selon ses forces et sera rémunéré selon ses besoins. Cela serait bien si chacun travaillait selon ses forces et n'avait pas trop de besoins, et surtout si l'expropriation se faisait toujours à l'amiable. Tout cela ne vaut pas le mobile puissant de travailler pour vivre ou pour acquérir de la considération ou de la fortune ou les deux.

Je comprends mieux : la terre aux cultivateurs, la mine aux mineurs, les carrières aux carriers, la mer au pêcheurs, etc., etc. Les outils machines et navires doivent appartenir à ceux qui les possèdent légitimement. Il faudrait alors que le travail et le capital s'associassent entre eux pour que chaque facteur de la production ait sa juste part.

Proudhon est plutôt un critique et un sophiste, qu'un socialiste ; il n'a rien laissé comme modèle à suivre, il se contredit lui-même sur le principe de la propriété, sur l'anarchie, sur la liberté de la presse, sur la souveraineté du peuple et sur une foule de choses importantes. Ce n'est donc pas un socialiste sérieux, tout en ayant remué les grands problèmes sociaux les plus divers. Il est plutôt ennemi des socialistes que socialiste.

Pierre Leroux, que l'on a beaucoup plaisanté pour sa *Triade* et son *Circulus*, est cependant plus près du progrès social et de la vérité que la plupart des socialistes.

Karl Marx a inventé le quatrième état pour grouper les plus pauvres ; cette classification est complètement fictive et tout à fait variable pour chaque individu : d'ailleurs elle n'a aucune limite déterminée. Il n'y a pas de classes qui possèdent et d'autres qui ne possèdent pas : il y a une infinité de transitions. Le même individu est tantôt d'une classe, tantôt d'une autre, s'il s'enrichit ou s'appauvrit, en admettant même cette classification erronée. Que les ouvriers s'unissent contre les prétentions exagérées du capital, ils ont parfaitement raison, ils sont dans leur droit, même de faire grève, quoique cela soit souvent plus nuisible qu'utile. Il vaut mieux que les gouvernements exonèrent les pauvres de tout impôt pour qu'on puisse lutter contre la concurrence étrangère et, cependant, que les travaux soient bien rétribués. Il faut, autant que possible, l'association du capital et du travail ;

cela sera bien plus utile que la formation d'un quatrième état, ce qui d'ailleurs implique la reconnaissance des trois autres castes et fait une nouvelle cause de division entre concitoyens. Aussi l'opinion de ce Prussien, bien qu'il soit défenseur de la classe ouvrière, « ne me dit rien qui vaille ».

Ce fondateur de l'Internationale pour les étrangers alors que l'exagération du patriotisme est prêchée en Allemagne, peut être loyal ; mais cela peut être bien dangereux pour les autres peuples. Tout en ayant le désir le plus grand de la formation des Etats-Unis d'Europe, il ne faut pas pour cela manquer de patriotisme, car nous serions victimes de notre imprudence, entourés d'ennemis jaloux de notre chère France. La fusion des classes vaut mieux que la division pour notre intérêt à tous dans notre pays. Si notre exemple se propage, tant mieux pour les autres nations.

Si le soi-disant quatrième état voulait faire la conquête du capital par la force, cela serait impossible, et en supposant la possibilité, ce serait une spoliation, un vol monstrueux accompagné de massacres terribles et de réactions épouvantables. Les nouveaux propriétaires ne jouiraient pas en paix du fruit de leur victoire. Il y aurait encore plus de malheureux, car, dans ces luttes, une grande partie de la richesse générale disparaîtrait.

L'association internationale des travailleurs a été fondée par deux Allemands peut-être bien intentionnés, mais elle a pu être favorisée par la Prusse pour détruire, ou au moins amortir le patriotisme française. La peur de la démocratie internationale a lancé Napoléon III dans une guerre affreuse qui a eu pour conséquence la ruine de la France, deux provinces violemment arrachées, nos troupes prisonnières et décimées. Enfin la guerre civile et des massacres, voilà ce qu'a produit le socialisme de Karl Marx et l'Engel, les rois de l'Internationale, car il y a toujours un principe d'autorité chez ces démocrates-là. Il en est de même des associations d'ouvriers : elles ont toujours des chefs et écrasent ceux qui sont libres.

Ces associations, bonnes pour les uns, sont nuisibles à ceux qui ne sont pas associés ; soit qu'on n'ait pas besoin d'eux, soit parce qu'ils sont moins bons ouvriers ; alors ceux-là, il faut qu'ils meurent de faim. Il en est de même de l'égalité des salaires.

L'idée de lutte des classes par l'association internationale des travailleurs a peut-être été dans un but d'émancipation de la classe ouvrière. En y réfléchissaut bien, cela serait plutôt favorable à la continuation de la domination en Europe des rois et des empereurs.

En place de l'union des peuples pour fonder les Etats-Unis d'Europe, les rois n'ont plus devant eux que l'union internationale d'une partie de la classe la plus pauvre et moins instruite. Diviser pour régner et s'unir pour dominer, c'est le moyen le plus énergique pour gouverner par la force et par la ruse.

L'association internationale des travailleurs peut devenir nuisible à la liberté. Elle n'est qu'un parti, plus étendu que puissant, étant sans cohésion. Si une partie de la classe ouvrière se croyait assez puissante pour faire une révolution, elle se ferait écraser très facilement par les forces des despotes coalisés et ayant pour alliés tous ceux qui auraient à craindre pour leur fortune et leur vie.

Karl Marx est un argumentateur prolixe et un autoritaire ; il a étudié en économiste les rapports du capital et du travail. Tout en voulant faire le bien et en voyant le mal, il n'indique pas de moyens sérieux, efficaces, pour établir la juste répartition de ce qui est dû à chaque travailleur. Les problèmes que le socialisme soulève ne se résolvent guère par la force. Les révolutions qui améliorent la société sont toujours faites dans les esprits avant de passer dans les faits. Les révolutions ne réussissent que lorsqu'il en est ainsi ; alors elles consacrent ce que l'opinion publique avait pressenti. L'opinion, ou plutôt la fusion des classes, c'est là le vrai socialisme.

La lutte des classes n'est pas un bon procédé d'émancipation des pauvres ; au contraire, c'est le moyen de river plus fortement la chaîne des salariés, car ils ne deviendraient que plus misérables lors même qu'ils auraient triomphé de la bourgeoisie. En effet, ce triomphe ne pourrait se produire sans une destruction presque complète du capital. Il en résulterait alors la misère pour tous. Les collectivistes, les communistes, les anarchistes, les nihilistes, etc., ont tous les mêmes désirs : détruire la misère parce qu'ils en souffrent personnellement ou par un sentiment d'honnêteté de cœurs généreux. Les moyens et les buts ne sont pas les mêmes. Il est donc douteux que même en s'unissant, ce qui est difficile par le désacord profond des chefs et aussi des idées de ces différentes sectes socialistes, il est douteux, dis-je, qu'ils puissent triompher de la vieille société.

Il faut néanmoins perfectionner la société actuelle en adoptant les justes, bonnes et saines idées des socialistes plutôt que de les avoir pour ennemis. Voilà ce qu'il serait bon de faire pour l'union et la fusion de la société et le bonheur du genre humain.

Le bien et la mal règnent éternellement sur la terre ;

c'est aux hommes de bonne volonté de combattre le mal pied à pied. Ce n'est pas en imposant aux peuples des systèmes d'organisation sociale, même ceux qui paraissent les plus parfaits, que l'on triomphe du mal, car il renaît sous d'autres formes imprévues. C'est pourquoi il est indispensable de se servir de ce que l'on peut corriger plutôt que de tout changer sans être certain de ce qui arrivera.

Si on pouvait faire comme les manufacturiers. qui n'abandonnent les vieilles machines qui leur ont servi, que lorsque les nouvelles font de meilleur ouvrage ! Malheureusement les expériences qui ont été faites, n'ont guère été favorables aux transformations radicales de la société. Aussi, actuellement, les chefs radicaux et même socialistes sont bien impuissants, car beaucoup ont perdu la confiance du peuple ouvrier, qui avait naturellement le plus de penchants pour ces théories attrayantes par certains côtés.

Il ne suffit pas de savoir bien décrire le mal, de faire des études savantes et éloquentes sur la misère, de gémir sur le sort des malheureux, il faut indiquer les causes de cette misère et les moyens d'y remédier. La révolte socialiste, prêchée par des gens sincères ou non, braves ou pas, n'est pas une solution. Lorsque l'on écoute ces conseils, il en résulte toujours plus de mal que de bien. Une révolte politique se transformera bien plus facilement en révolution. Dans chaque pays il y a de grandes réformes à faire. Toutes les prédications, les dissertations des socialistes n'y feront rien si la puissance politique n'appartient pas à tous, car ceux qui seraient éliminés seraient toujours opprimés.

Dans la grande Grande-Bretagne et l'Irlande, par

exemple, la puissance politique appartient à une aristocratie qui possède les plus grands biens. Tant que cette aristocratie régnera, le progrès social sera impossibe ; il n'y aura jamais que des palliatifs transitoires que l'on détruira après les avoir accordés.

Il est donc nécessaire dans ce pays, comme dans beaucoup d'autres, de faire une révolution politique républicaine d'abord pour arriver à un socialisme praticable. Vouloir bouleverser l'état social, c'est se faire trop d'ennemis et se rendre impuissant ; si on veut combattre, on est vaincu d'avance.

On peut bien plus facilement changer la forme du gouvernement et établir un véritable suffrage universel. Cela n'implique pas nécessairement la destruction de la société, au contraire. Cela doit amener le bien social, la *solidarité*. Le peuple souverain saura faire son bonheur lui-même par l'union des classes ou, plutôt, la fusion.

Les socialistes dans les contrées monarchiques ne font que pallier momentanément le mal et détourner des grands moyens d'obtenir la justice sociale.

La plupart des grandes propriétés en Angleterre, en Ecosse et surtout en Irlande ont eu pour origine les spoliations de conquérants normands. Il y a cependant eu une grande révolution en Angleterre et l'on a respecté les héritages de ces bandits. C'est inimaginable. Pour que ces biens ne soient pas divisés, on a conservé le droit d'aînesse, cette monstrueuse injustice.

Je n'irai pas plus loin dans mes critiques sur les vices d'organisation de ce pays et de bien d'autres. Il y aurait des milliers de volumes à faire qui ne serviraient pas à grand'chose.

Il faut que les peuples soient libres pour avoir la force

et le droit. Alors seulement la justice et le bonheur régneront chez ceux qui auront su chasser les despotes qui les oppriment.

Dans notre république, si imparfaite, il y a beaucoup de privilèges, beaucoup de parasites. Tout cela disparaîtra si on parvient à perfectionner l'organisation politique d'abord et les privilégiés eux-mêmes ne seront pas plus malheureux.

Le bonheur d'être roi n'est pas enviable non plus. Pour moi c'est incompréhensible que tant de gens désirent cette place.

Des socialistes ont fait de beaux discours contre l'égoïsme bourgeois. Ils ont eu souvent raison ; mais l'un deux vient-il à acquérir une petite fortune, il devient pire que les autres.

L'anarchie que l'on prêche actuellement, n'est-ce pas l'égoïsme élevé à la plus haute puissance, puisque chacun fait ce qu'il veut, et qu'il n'y a plus d'autorité pour empêcher que l'un empiète sur la liberté des autres ou s'empare de ce qu'ils possèdent. L'impunité rend l'homme despote. L'anarchie c'est chacun pour soi. Le plus fort écrase le plus faible, puisque chacun fait ce qu'il veut. Il y a donc dans l'anarchie aucune cause de solidarité. Si l'*anarchie* pouvait prévaloir, voici ce qui se produirait : Tous les hommes qui préfèrent ne pas travailler se réuniraient entre eux pour s'emparer du capital des autres. Ils se feraient alors immédiatement un nouveau gouverment féodal comme au moyen âge. Les hommes qui aiment la liberté et le bien-être seraient plus esclaves et plus misérables que jamais, car ils ne pourraient faire autrement que de s'unir ensemble et de choisir eux-mêmes des chefs sévères, lesquels pourraient les entraîner à des combats continuels. La misère serait générale. La famine, les maladies contagieuses, etc., voilà ce que produirait la désorganisation de la société malgré les aspirations vers le progrès et le bien-être. L'anarchie, c'est le premier principe de la monarchie. Chacun veut être le maître absolu, sans frein qui vous arrête et vous fasse respecter les droits d'autrui. Le plus fort ou, souvent, le plus adroit finirait par être le maître de tout.

Avec l'*anarchie* il n'y aurait plus de liberté, d'égalité, de fraternité possibles : plus de solidarité, alors plus de patriotisme si nécessaire lorsque l'ennemi vous envahit ; plus d'honnêteté, plus d'émulation, plus de bien social, plus rien. L'individualisme des anarchistes, c'est un égoïsme étroit, bien plus féroce que celui du bourgeois le moins sociable.

Quant au communisme, c'est la hiérarchie la plus complète, la plus monotone. L'homme est un rouage de machine dans la société ; il est classé, catalogué comme un objet ; il fait partie d'une caste dont il ne peut sortir, comme les habitants de Salente bâtie par Idoménée (*Télémaque*. de Fénelon).

Pendant 211 ans, les jésuites ont exploité le Paraguay en établissant un gouvernement théocratique en haut et le communisme en bas. Les malheureux habitants de ces contrées ont été soumis à des règles ridicules et à des tâches comme les jeunes filles dans les ouvroirs. Quel bien en est-il résulté pour les indigènes ? Il faut croire qu'il n'égalait pas le mal, car ce pays était plus fermé que l'empire chinois pour que les autres peuples ignorassent ce qui s'y passait.

Le Paraguay a été un grand couvent où l'on forçait

hommes et femmes à travailler pour enrichir la société de Jésus.

Ce n'est pas encore ce socialisme, que désirent nos communistes modernes. Mettre en commun les biens sans tenir compte de l'activité qui existe lorsqu'on a pour mobile l'intérêt personnel, cela ne peut être accepté.

A mon point de vue, l'anarchie est une absurdité et le communisme un esclavage. Il faudrait faire travailler par force les trois quarts des esclaves qui composeraient la communauté, car ce ne seraient plus des citoyens.

L'autonomie des communes détruirait l'unité de la France et la laisserait sans force contre les rois de l'Europe nos ennemis. Ce n'est pas encore cela qu'il nous faut.

RÉSUMÉ

J'ai indiqué, dans ma Constitution et ses applications sociales, ce qu'il y a à faire de plus urgent : je n'y reviendrai donc pas.

A chaque instant et dans chaque contrée, il y a des réformes à faire des plus nombreuses. Il est impossible de traiter toutes ces questions et même d'énoncer ce qu'il y a à faire. Il faut s'en rapporter au bon sens de chaque peuple pour qu'il exécute ce qui est nécessaire pour avoir la plus grande somme de bonheur. J'ai la foi la plus profonde dans l'infaillibilité du peuple. Que le suffrage soit universel sans exception, qu'il soit uninominal, que chaque citoyen représentant soit élu pour un temps pas trop long et, surtout qu'il soit toujours révocable, alors la question sociale pourra être résolue pacifiquement et victorieusement. L'augmentation de la richesse générale ferait bien plus d'heureux que l'abolition ou même la limitation de la propriété ; du reste, ce serait au bon sens du public d'en juger.

La fusion des classes par l'association sera plus profitable à tous que la guerre des classes prêchée par des gens qui ne veulent pas de patriotisme, se disant trop humanitaires pour cela, mais qui ne reculent pas devant la guerre civile.

Si ce travail consciencieux intéresse assez de lecteurs, je pourrais publier, pour faire suite à cette brochure, des critiques qui ont été faites à cette constitution et mes réponses à ces observations.

ÉVREUX, IMPRIMERIE DE CHARLES HÉRISSEY

www.ingramcontent.com/pod-product-compliance
Ingram Content Group UK Ltd.
Pitfield, Milton Keynes, MK11 3LW, UK
UKHW022127260726
13993UKWH00003B/1275

9 782329 529646